엄마는
못 들었나?

＊ 제목 글자 속에 담긴 꽃말 ＊

구절초는 엄마의 사랑

초롱꽃은 잴 수 없는 크기의 사랑

모란꽃은 자식들의 부귀영화를 바라는 엄마의 마음

연꽃은 어려움을 극복하고 잘 자라길 바라는 엄마의 마음

운명처럼 만났던
아이들의 모습을 담은 동시

이 세상에서 가장 귀한 사람이 자기 자신이라는 걸 온 세상 모든 아이들에게 말하고 싶어서 입이 근질합니다.

돌멩이를 손에 쥐고 지구의 역사를 볼 줄 아는 아이, 비 오는 마당에서 강아지랑 친구 되어 뛰어노는 아이, 잠자리를 보며 초고속 비행기를 상상하는 아이, 어느 아이 하나 소중하지 않은 아이가 없습니다.

30년 이상 운명처럼 만났던 아이들 모습이 동시 하나하나에 들어있습니다. 책을 읽는 아이들 모두가 주인공입니다. 이 책을 읽으며 시 속의 자신들을 만나는 기쁨을 누렸으면 합니다.

　이 책에는 제주어 동시들이 웃음 짓고 있습니다. 제주어도 아이들과 같습니다. 귀하고 귀합니다. 재미있고 맛깔납니다. 제주어 동시를 소리 내어 읽고, 소리 내어 말하는 것은 사라져가는 귀한 우리말을 지키는 일입니다. 제주 민요처럼 표준어 동시와 제주어 동시를 메기고 받으면서 노래하듯 읽어 보세요. 저절로 미소가 지어질 거예요.

　아침에 일어나면 동시 한 편 읽고, 친구 만나면 동시 한 편 읽어주세요. 가족끼리 자기 전에 한자리에 모여 동시를 읽고 상상해보세요. 하루가 행복 해질 거예요.

2019년 12월

박희순

차 례

제1부

제2부

제1부

버럭대장

억울하다는 생각이 들면, 그 순간
주먹이 불끈불끈 발가락이 근질근질
마구마구 벽을 부수고 싶어진다는

버럭대장 김개똥
소리를 지르지만 진짜 부수진 않아
주먹 쥐고 부르르 떨며 부숴버리는 상상만 하다가

착한 아이로 돌아와 엉엉 우는 울보 김개똥
돌아온 김개똥을 보며 휴~ 한숨 쉬는 우리 반.

버럭대장

억울ᄒ덴 훈 생각이 들민, 그 순간
주먹이 불끈불끈 발꼬락이 근질근질
막 막 축담을 부시구정 ᄒ덴 ᄒ는

버럭대장 김개똥
쎄울르기만 ᄒ곡 진짜론 부시진 안ᄒ여.
주먹 줴영 부르르 털멍 부시닥질ᄒ는 상상만 ᄒ당

착훈 아이로 돌아왕 앙앙 우는 울보 김개똥
돌아온 김개똥을 보멍 휴~ 훈숨 쉬는 우리 반.

안 봐도 척이라며

숙제도 하고 책도 읽고
잠시 게임 하는데

맨날 게임 한다고 하시면
나, 억울해요.

안 봐도 척이라며
맨날 분명 그럴 거라며

들어보지 않고
등 돌려 나가시면

방 안에 홀로 남은
나, 눈물 나요.

안 봐도 척이렌 ᄒᆞ멍

숙제 ᄒᆞ곡 책도 읽곡
ᄒᆞ꼼 쉬멍 게임 ᄒᆞ는디

맨날 게임 ᄒᆞ덴 ᄒᆞ민
나, 억울ᄒᆞ여마씸.

안 봐도 척이렌 ᄒᆞ멍
분멩 경 헐 거렌 ᄒᆞ멍

들어보지 안ᄒᆞ곡
등 돌령 가 불민

방 소곱이 오고생이 남은
나, 울어져마씸.

당연하죠

책상 모서리에 부딪히는 거 당연하죠.
학교를 네모나게 지었기 때문이에요.
교실도네모책상도네모의자도네모벽도네모.
학교도네모복도도네모운동장도네모화단까지네모, 휴~~.

해처럼 달처럼 동글동글 책상에
물결처럼 뱅그르르 재미있는 복도라면
뛰라고 고함쳐도 안 뛸 거예요.
기분 좋아 사뿐사뿐 걸을 거예요.

16

당연ᄒ주마씸

책상 모사리에 다댁이는 거 당연ᄒ주마씸.
흑교를 늬개반듯ᄒ게 짓어분 따문이라마씸.
교실도네모책상도네모의자도네모벡도네모.
흑교도네모복도도네모운동장도네모화단ᄭ장네모, 휴~~.

해추룩 돌추룩 동글동글 책상에
물결추룩 뱅그르르 ᄌ미진 복도렌ᄒ민
튀렌 웨울러도 안 튈 거우다.
기분 좋앙 ᄉ뿐ᄉ뿐 걸을 거우다.

17

그건 아니지

사람들이 던져주는 과자나 받아먹으며

사람처럼 뒤뚱뒤뚱 걷는 비둘기

몸이 무거워 제대로 날지 못하는

비둘기를 보면….

왠지, 눈물이 난다.

그건 아니주게

사름덜이 데껴주는 과자나 받아먹으멍

사름추룩 뒤뚱뒤뚱 걷는 비둘기

몸이 무거왕 제대로 놀지 못ᄒ는

비둘길 보민….

무산지, 눈물이 남쩌.

너무 힘들어요

찬바람 불면 시퍼런 코를 줄줄 달고 다니다가
크릉, 흡! 하며 그 콧물 마셔버리는 짝꿍과,

수업만 시작되면 콩깡콩깡 의자놀이 하다가
벌러덩 뒤로 넘어져서 히히히 웃는 짝꿍과,

맨날 사이좋게 지내라고 하면
너무 힘들어요.

너미 심들어마씸

써녕훈 브름 불민 시퍼렁훈 코 줄줄 돌앙 뎅기당
크릉, 흡! 흐멍 그 콧물 먹어부는 짝꿍광,

수업만 시작후민 콩깡콩깡 의자놀이 흐당
벌러덩 뒤로 넘어정 히히히 웃는 짝꿍광,

맨날 사이좋게 지내렌 흐믄
너미 심들어마씸.

21

뇌 반성문

나는 뇌.

오늘도 반성문 쓰고
나에게 사과한다.

아무것도 아닌 일에
'주먹 불끈'이라고 명령해서
미안해.

그 정도는 괜찮다고 할 작은 일에
큰소리치고 발길질하라고 명령해서
미안해.

나보고 한 말도 아닌데
착각하게 만들어서 친구랑 싸우게 해서
미안해.

✱ 추신: 미안하지만, 너도 그럴 땐 잠시 멈추고 생각 좀 해 주라.

뇌 반성문

나는 뇌여.

오널도 반성문 쓰곡
나신디 사과흔다.

아무것도 아닌 일에
'주먹 불끈'이렌 멩령ㅎ연
미안ㅎ여.

그 정도는 궨찮덴 홀 족은 일에
큰소리치곡 발길질ㅎ렌 멩령ㅎ연
미안ㅎ여.

나신디 흔 말도 아닌디
착각ㅎ게 멩글앙 친구영 드투게 ㅎ영
미안ㅎ여.

＊추신: 미안ㅎ주마는, 느도 경홀 땐 ㅎ쏠
　　　 멈추엉 생각 ㅎ꼼 ㅎ여주라.

마찬가지야

자기 지우개 있으면서도
꼭
나보고 빌려 달라는 영수나,

쬐끔
아주 쬐끔
닳아질 건데도

절대
안 빌려준다고
화낸 나나.

마찬가지야.

매혼가지라

이녁 지우개 시멍도
꼭
나신디 빌려두렌 ᄒ는 영수나,

ᄒ쏠
진짜 ᄒ쏠
다일 건디도

절대
안 빌려준켄 ᄒ멍
부에낸 나나.

매혼가지라.

25

아차, 했는데

짝꿍이 의자를 툭툭 차길래.
'그만해~. 차지 마~.' 했어.

팔짱 낀 짝꿍이 거드름 피우면서
'내 발 내가 차는데 뭔 상관?'이래.

의자를 왜 차냐고 했더니
의자 주인은 학교라며 큰소리를 쳐.

'안 돼!'라고 소리지르는 친구들 소리에
'아차' 했는데, 이미 늦었어.

한 번만 참을걸.
한 번만 참을걸.

아차, 헤신디

짝꿍이 의자를 툭툭 차가난.
'그만ᄒ여~. 차지 마~.' 헷어.

풀짱 찐 짝꿍이 거드름 피우멍
'나 발로 나가 차는디 무신 상관?'이렌.

의자를 무사 차느녠 ᄒ난
의자 주인은 학교렌 ᄒ멍 웨울러.

'안 돼!' ᄒ멍 소리질르는 친구덜 웨울림에
'아차' 헤신디, 오꼿 늦어브런.

ᄒ 번만 춤을걸.
ᄒ 번만 춤을걸.

말 벌레가 줄줄줄

짜증이 나면 생각들이
팥벌레 콩벌레 쌀벌레처럼
말벌레가 되어 줄줄줄 기어나온다.

화가 나면
말들이 폭탄이 되어
펑펑 터져나온다.

누구나 그럴 수 있지.
누구나 그럴 때가 있어.

그럴 땐
눈을 감고 천천히 들여마셨다가
서서히 눈을 떠서 주위를 보는 거야.

말 벌레가 기어나오려다
쏘옥 들어갈 거야.

말 베렝이가 줄줄줄

부에가 나민 생각덜이
풋베렝이 콩베렝이 쏠베렝이추룩
말베렝이 뒈영 줄줄줄 기어나왐쩌.

용심 나민
말덜이 폭탄이 뒈영
펑펑 터져나왐져.

누게나 경 헐 수 잇주.
아무나 경 헐 때가 잇어.

경 홀 땔랑
눈 곰앙 천천히 들이마셧당
서서히 눈을 텅은에 주벤을 보는 거라.

말 베렝이덜이 기어나오젠 ᄒ당
쏘옥 들어가불메.

어떻게 그냥 가니?

담벼락 아래서 뽀리뱅이가 부르면
걸음을 멈추어야지.
어떻게 그냥 가니?

소리쟁이가 노래하면
그 자리에 쪼그려 앉아
같이 들어야지, 어떻게 그냥 가니?

돌단풍이 손 흔들 때,
아기별꽃이 눈웃음칠 때,
어떻게 그냥 가니?

그 조그맣고 조그만 꽃잎이
그 조그맣고 조그만 풀잎이
손 흔들며 부르는데 어떻게 그냥 지나가니?

어떵 기냥 감시니?

담베락 알서 뽀리뱅이가 불르민
걸음을 멈추어사주게.
어떵 기냥 감시니?

소리쟁이가 놀래ᄒ민
그 자리에 조침 앚앙
ᄀ찌 들어사주, 어떵 기냥 가느니?

돌단풍이 손 ᄒ글 때,
애기별꽃이 눈웃음칠 때민,
어떵 기냥 감시니?

그 ᄒ끌락ᄒ곡 헤끌락ᄒᆫ 고장섭이
그 ᄒ끌락ᄒ곡 헤끌락ᄒᆫ 풀섭이
손 ᄒ글멍 불르는디 어떵 기냥 넘어가느니?

병아리와 프라이

제 힘으로 꽃잎을 열어가는 꽃들을 생각하다가
제 힘으로 날개를 펴는 나비애벌레를 생각하다가
제 힘으로 껍데기를 깨고 나오는 병아리를 생각하다가

달걀 하나를 툭 까서 달걀 프라이 만들 때마다
제 힘으로 톡톡 껍데기를 쪼는 병아리가
스스로 깨고 나와 닭이 될지도 모른다는 생각에

들었다 놓았다
들었다 놓았다
들었다 놓았다 한다.

빙에기영 지짐이

지녁 심으로 고장섭 올아가는 고장덜 생각ㅎ당
지녁 심으로 놀개기 페우는 나비애기베렝이 생각ㅎ당
지녁 심으로 껍덕 깨우멍 나오는 빙에기 생각ㅎ당

독세기 ㅎ나를 툭 깡은에 독세기 지짐이 멩글 때마다
지녁 심으로 톡톡 껍덕을 줏는 빙에기가
지냥으로 깨왕은에 나왕 독이 뒐 중도 몰른덴 ㅎ는 생각에

들럿닥 놧닥
들럿닥 놧닥
들럿닥 놧닥 흔다.

제2부

돌담

– 조심조심, 옆집 땅 밟을라~

밭을 가르는 돌담은 밭담이에요.
남의 밭을 기웃거리지 않지요.

구불구불 굽이 돌며 힘들게 가더라도
자기 땅만 딛고 곧게 서지요.

집과 집을 이어주는 돌담은 울담이에요.
남의 마당을 기웃거리지 않지요.

혹시라도 옆집 땅 밟을까 조심조심!
지나가던 어르신 다치지는 않을까 조마조마!

크고 작은 돌멩이들 서로 의지하며
크고 작은 바람이랑 숨바꼭질하며 놀지요.

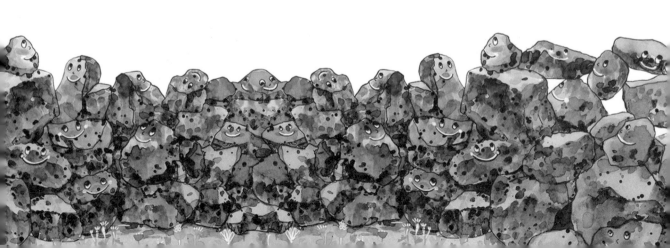

돌담

– 조심조심, 욮집 땅 불르키여~

밧을 갈르는 담은 밧담입주.
눔의 밧딜 주왁주왁ㅎ진 안 협주.

구불구불 구비 돌멍 못 전디게 가도
이녁 땅만 디뎡 굳작 사는 겁주.

집이영 집을 잇어주는 담은 울담이우다.
눔의 마당을 주왁주왁ㅎ진 안 협주.

훔마 욮집 땅 불르카부뎬, 멩심멩심!
넘어가는 늙신네덜 다치진 안 ㅎ카 멩심멩심!

크고 쪼꼴락ㅎ 돌멩이덜 서로 으지ㅎ멍
크고 쪼꼴락ㅎ 보름이영 곱을락ㅎ멍 놉주.

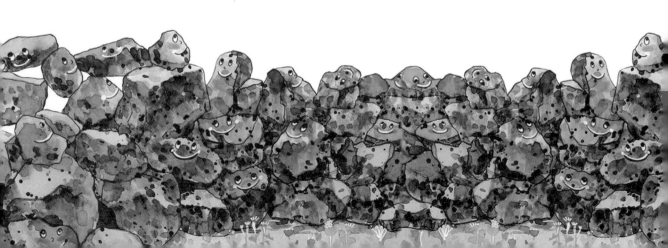

산

오늘도 산은
작고 작은 것들을 품고 산다.

작고 작은 풀들이 맘 놓고 춤추고
작고 작은 꽃들이 맘 놓고 웃는다.

작고 작은 새들이 맘 놓고 노래하고
작고 작은 벌레들이 맘 놓고 기어가고 있다.

산이 위대한 건
그 작은 것들을 품어주기 때문이다.

산

오늘도 산은
쪼꼴락ᄒ곡 쪼꼴락흔 것덜을 쿰엉 산다.

쪼꼴락ᄒ곡 쪼꼴락흔 푸습새 ᄆ심 놩 춤추곡
쪼꼴락ᄒ곡 쪼꼴락흔 고장덜 ᄆ심 놩 웃엄저.

쪼꼴락ᄒ곡 쪼꼴락흔 생이덜 ᄆ심 놩 놀래ᄒ곡
쪼꼴락ᄒ곡 쪼꼴락흔 베렝이덜 ᄆ심 놩 기어감저.

산이 위대흔 건
그 쪼꼴락흔 것덜을 쿰어주는 따문이여.

길이 생겼어요

바람이 불어오자
풀잎들이 휘익 고개를 돌렸어요.

발자국 소리 들려오자
뿌리들이 쫑긋 귀를 세웠어요.

이파리야, 귀 기울여봐. 누가 오고 있어.
이리 갸웃, 저리 갸웃

풀잎들이 고개 돌린 그 자리에,
들꽃들이 귀 기울인 그 자리에,

길이
생겼어요.

질이 생겻수다

ㅂ름이 불어오난
풀섭덜이 휘익 야개길 돌려수다.

발자국 소리 들려오난
불휘덜이 쫑긋 귀를 세왓수다.

섭덜아, 귀 자울여보라. 누게가 왐저.
이레 주왁, 저레 주왁

풀섭덜이 야개기 돌린 그 자리에,
드릇고장덜이 귀 자울인 그 자리에,

질이
생겻수다.

고자질

– 새들 좀 보셔요

선생님,
새들 좀 보셔요.

까치들은 까치밥 먹다가
반도 안 먹고 남겨놓았어요.

딱새는 이 사과 쬐끔 먹다 말고
저 사과 또 쬐끔 먹어요.

참새들은 홍시를 여기저기 쪼아놓고
노래만 부르고 있어요.

그래도 돼요?

소도리

– 생이덜 ᄒ끔 봅서

선생님,
생이덜 ᄒ끔 봅서.

까치덜은 까치밥 먹당
반도 안 먹엉 냉겨수게.

ᄄᆞᆨ생인 이 사과 ᄒ끔 먹당 말곡
저 사과 또시 ᄒ끔 먹엄수다.

춤생이덜은 홍시를 이디저디 줏아놔뒁
놀래만 불럼수다.

경 헤도 되카마씸?

사과는 힘이 세다

사과 곁에 있기만 해도
딱딱했던 감이 말랑말랑해진다.

사과의 말 한마디도
그렇다.

어두웠던 마음 밝게 해주고
딱딱했던 마음 풀어준다.

사과는 다
힘이 세다.

사과는 심이 쎄다

사과 ᄌᆞᆽ곳디레 셔나기만 ᄒᆞ여도
딱딱헤난 감이 물랑물랑ᄒᆞ여진다.

사과ᄒᆞ는 말 ᄒᆞᆫ마디도
경 ᄒᆞ다.

쿰쿰 어둑어난 ᄆᆞ심 붉게 헤 주곡
딱딱헤난 ᄆᆞ심도 풀어준다.

사과는 몬딱
심이 쎄다.

날고 싶은 날은
바다로 간다

가끔
날고 싶으면
바다로 간다.

하늘이 매일
바다로 풍덩 뛰어드니까

그 하늘 속으로 들어가면
새가 된다.

눌아가구정 흔 날은
바당더레 간다

가끔
눌아가구정 허민
바당더레 감쩌.

하늘이 매날
바당더레 풍덩 뛰어드난

그 하늘 소곱더레 들어가민
생이가 돼는 거난에.

산을 폴짝 뛰어넘는 매미

키 작은 매미가 생각을 했어.
저 산을 어떻게 넘지?

젤 가파른 나무 둥지를 잡고
아침부터 저녁까지 노래를 불렀지.

맴맴맴맴 쉽기도 하지.
맨날 불러도 지치지도 않아.

매미 노랫소리를 메아리가 받았고
메아리는 금세 산 너머로 보냈지.

갸웃거리던 담장이
매미 소리를 툭 넘기고

나무는 나무끼리 서로 넘기며
큰 산을 폴짝 넘었어.

산을 폴짝 넘는 재열

지레 족은 재열이 궁퉁이를 냇어.
저 산을 어떵 넘으코?

젤 가파른 낭 둥지를 심엉
아척부떠 주냑꺼장 놀랠 불럿주.

맴맴맴맴 쉽기도 ᄒᆞ주.
맨날 불러도 버치지도 안 ᄒᆞ여.

재열 놀래소릴 메아리가 받곡
메아리는 금시에 산 너머더레 보냇주.

자웃거리던 담이
재열 소리를 툭 넹기난

낭은 낭찌레 서로 넹겨주멍
큰 산을 폴짝 넘어간 거라.

용기를 내

여기는 망초와 엉겅퀴랑 채송화가 사는 꽃밭이야.
어느 날 거인이 나타나 망초랑 엉겅퀴를 뽑으며 잡초래.
꽃도 보지 않고 왜? 꽃도 피기 전에 왜?
이름이 꽃같지 않은가? 망초?
이름이 꽃같지 않은가? 엉겅퀴?
풀썩 주저앉아 말라가는 찰나, 빗방울이 톡톡 속삭이네.
"용기 내~ 어서 일어나~."

응차! 발가락, 아니 뿌리 끝까지 길게 뻗어보았지.
그때였어.

아, 뿌리 끝에서부터 전해져오는
망초꽃잎의 가느다란 숨결.
엉겅퀴 꽃의 맥박이 두근거리는 소리.
꽃밭의 온 식구가 숨죽여 기도하는 소리가
들려오기 시작했어.

용기를 내

이딘 천상쿨이영 수웽이영 채송화가 사는 고장밧이라.
어느 날 거인이 나타낭 천상쿨이영 수웽일 뽑으멍 검질이렌 ᄒᆞ는 거라.
고장도 보지 안 ᄒᆞ영, 무산고? 고장도 피기 전이, 무산고?
일름이 고장 ᄀᆞ트지 안 ᄒᆞᆫ가? 천상쿨?
일름이 고장 ᄀᆞ트지 안 ᄒᆞᆫ가? 수웽이?
멜싹 앚앙 몰라가는 찰나, 빗방울이 톡톡 속삭연.
"용기 내라~ 혼저 일어나라~."

웅차! 발ᄀᆞ락, 아니 불휘 끗뎅이ᄁᆞ장 질게 뻗어 보앗주.
그때라실 거라.

아, 불휘 끗뎅이부떠 전해오는
천상쿨 고장섶의 ᄀᆞ는 숨결.
수웽이 고장의 맥박 두근거리는 소리.
곳밧듸 온 식귀가 숨죽영 기도ᄒᆞ는 소리가
들려오기 시작ᄒᆞ여라.

수평선

바다는 바다답게
하늘은 하늘답게

힘겨루기 하지 말고
자기답게 살라고

바다와 하늘이 만나
선 하나 그었답니다.

수펭선

바당은 바당추룩
하늘은 하늘추룩

심 거룰락 ᄒ지 말곡
이녁만썩 살렌

바당이영 하늘이영 만낭
그믓 ᄒ나 긋엇덴마씸.

53

별 헤는 콩벌레

은행잎이 떨어지는 오후가 되면
길가의 나무들이 물구나무서기 시작한다.

우듬지가 하늘에 뿌리내리고
노란 별들이 땅에 박히면

키 작은 개미들, 그 별 헤며 논다.
키 작은 콩벌레들, 그 별 헤며 논다.

54

별 세는 콩베렝이

은행썹 털어지는 낮후제
질굿 낭덜이 물구나무서기 시작흔다.

낭가진 하늘에 뿌리내리곡
노랑 벨덜 땅에 박아지민

키 족은 개염지덜, 벨 세멍 논다.
키 족은 콩베렝이덜, 벨 세멍 논다.

파리

바람은 왜 봐주는 건데?
햇볕은 또 왜 봐주는 건데?

방 안 가득 바람, 바람, 바람
방 안 가득 햇볕이잖아?

파리 한 마리가 방충망에게
겁도 없이 달려들어 항의하는 중.

푸리

브름은 무사 봐줨신고?
벳은 또시 무사 봐줨신고이?

구둘 소곱 ᄀ득 브름, 브름, 브름
구둘 소곱 ᄀ득 벳인게?

푸리 ᄒ 머리가 방충망더레
겁도 엇이 돌려들엉 항의ᄒ는 중.

모기

야리야리 가는 다리 쪼그만 모기 녀석
콧구멍 킁킁거리며 다리 꼬고 앉아
실실 웃고 있다.

콩알보다도 작은 모기가
피를 빨면 도대체 몇 리터나 빼앗는다고
모기향 뿌리고 또 모기장 속에 숨느냐고.

모기

야리야리 ᄀ는 다리 ᄒ끌락ᄒ 모기 녀석
콧구녁 킁킁거리멍 다리 꼬앙 앗앙
실실 웃엄쩌.

콩알보단 족은 모기가
피를 뽈민 도대체 멧 리터나 빼앗암덴
모기향 뿌리곡 또시 모기장 소곱에 곱암신고?

이팝나무

병든 어머니 밥그릇에는 쌀밥을 담고
자기 밥그릇에는 이팝나무 꽃을 담았다는 아들은
어떻게 되었을까, 이팝나무만 보면 생각이 나.

나비 먹으라고 한 수저 듬뿍
참새 먹으라고 한 수저 듬뿍
하얀 꽃밥 나눠주며 살고 있는 바람이 된 건 아닐까.

이팝낭

벵든 어멍 밥그릇엔 곤밥을 담곡
이녁 밥그릇엔 이팝낭 고장을 담앗덴 ᄒᆞ는 아덜은
어떵 뒈여신고, 이팝낭만 보민 생각남쩌.

나비 먹으렌 ᄒᆞᆫ 숟구락 ᄀᆞ득
밥주리 먹으렌 ᄒᆞᆫ 숟구락 ᄀᆞ득
헤영ᄒᆞᆫ 고장밥 ᄂᆞ놔주멍 사는 ᄇᆞ름이 뒌 건 아닌가.

제3부

우리 형아

돌멩이 하나를 든다는 건
지구의 역사를 한 손에 든다는 거라나.
그 돌멩이를 바다에 던진다는 건
우주의 순환을 잠시 막고
새로운 파장을 만드는 거라며,
이 어려운 과학을 장난처럼 즐기는
우리 형아는.
흠~
지구의 역사를 한 손에 들고
바다 표면을 살짝살짝 디뎌가며
톡톡 물수제비 뜨며
놀고 있을 뿐이라나.

푸른 바다를 쥐락펴락하며
즐기고 있을 뿐이라나.

할까봐 걱정 세트

엄마는 맨날 회사 가면서
'할까봐 걱정 세트' 두고 간다.

배 고플까봐, 배 아플까봐, 밥을 남길까봐,
친구들과 사이좋게 놀지 못할까봐,
선생님에게 용기 있게 말하지 못할까봐….

책가방 속에 넣어 둔 걱정 세트
복사해서 엄마도 가지고 간다.

그 세트 말고
하고 싶은 거, 듣고 싶은 말이 뭔지
이야기 한 번만 더 들어주었으면….

걱정은 일 생길 때, 그때 가서 하고
'현우야, 잘 놀아!' 하고
'잘 놀아 세트' 놔두고 갔으면 참 좋겠다.

친구야

너의 말소리는 큰 북소리야.
맘속으로 쿵쿵쿵! 걸어 들어오지.

너의 미소는 종소리야.
마음 끝자락까지 댕댕댕! 울리지.

소리 없이 살짝 걸어 들어와
맘속 깊이 머물고 있는 너.

나도 너에게 그런 종소리일까?
나도 네 맘속 깊이 머물고 있을까?

5학년이 되면서부터야.
멍하니 네 생각하는 버릇이 생긴 건.

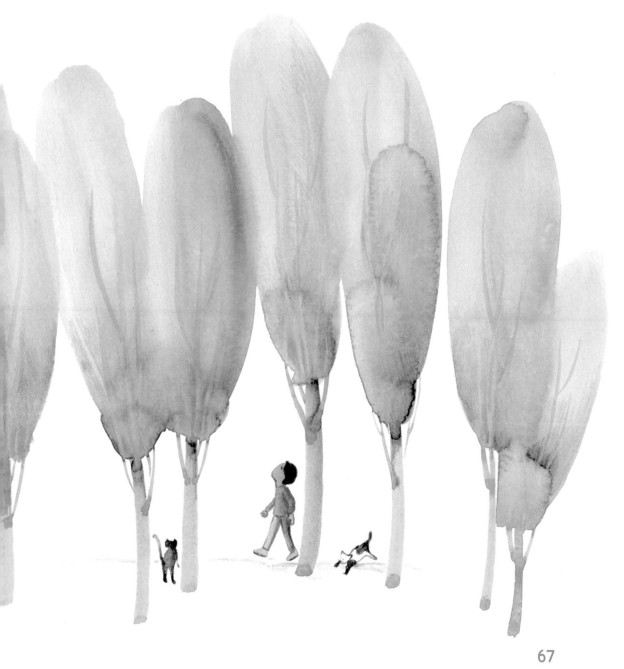

67

콧물이 줄줄 나올 때처럼
– '흥!' 풀어서 버릴 수 있다면

화가 나면
그걸 군고구마를 꺼내는 것처럼
마음 속에서 집게로 꺼내어
종이에 둘둘 말아서
엄지와 검지 두 손가락으로 톡 집어서
휴지통에 쏙 넣어버릴 순 없을까?

아니아니,
콧물이 줄줄 나올 때처럼
휴지를 쫙 펴서
화를 '흥!' 풀고는
꾸욱 구겨버린 후에
휴지통에 팍- 버리는 건 어떤가?

그러면 우리 집도 교실도 조용해질 텐데….

나에게 불러주는 노래

이 세상에 하나밖에 없는 나
포기하지 말라고
나에게 불러주는 노래.

매일의 꾸준함은 기적을 만든다고
한 걸음씩 최선을 다하라고
잠시 쉬고 노래를 부르면
세상은,
따뜻한 바람 한 줄기 보낼 거고.

지치고 힘들 때면
또 다른 내가 나에게 부르는 노래
'자신'이라는 노래.

발표

– 입 창문이 열리면

친구들 앞에만 서면
머리가 텅 비고
눈앞이 어찔어찔하는 나.

발표만 하려면 쿵쿵쿵
심장소리가 커지는 나.

- 잘했어, 준석아, 승우의 한마디에
입 창문이 열렸다.

입 창문이 열리니, 말 햇살이 들어왔다.
친구들 웃음이 졸래졸래 따라왔다.

헛똑똑이

쉬는 시간에 말다툼하다가
리라가 젤 싫어하는 그 말을 하고 말았다.
'앞니 빠진 돼지, 고릴라!'

맨날 똑똑한 척 리라에게 한 말들이
부메랑이 되어 돌아온다.
'너 바보 아니니? 그렇게 후회할 일 왜 해?'

그렁그렁 눈물 달고
리라가 뒤돌아 달려간 날부터
매일 저녁 울리던 핸드폰이 조용하다.

미안하다고 사과 한마디 못하고 있다.
맨날 똑똑한 척하면 뭐할 거니
정작 해야 할 땐 한마디도 못 하는, 헛똑똑이.

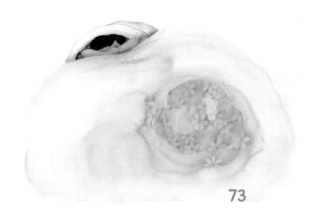

엄마는 못 들었나?

학교 끝나고 오다가
꽃들이 시들어가고 있길래
수돗물 틀어놓고 물을 주고 왔는데.

내 말 다 듣고도
- 어서 들어왓! 받아쓰기 밭에 물 주고
  수학 문제지에 물 좀 주시죠, 핑계만 대지 말고.

팔짱 끼고 눈 흘기며
야단치는 엄마는

팔랑팔랑, 풀잎들이 손 흔드는 걸 못 봤나?
꿀꺽꿀꺽, 뿌리들이 물 마시는 소리 못 들었나?

왜 지각했냐면요

빵부스러기 옮기는 개미들
밟혀 죽을까 봐 지켜주다 왔어요.

길 잃은 강아지
집 찾으러 같이 돌아다니다 왔어요.

학교에 곧바로 가는 건
쉽지 않아요.

너무 닮았다

책가방을 메고 가는 일학년 준이랑
집을 지고 가는 달팽이는 서로 닮았다.

- 집을 지고 있는데 뭐가 걱정이야?
  걷다가 쉬고, 쉬다가 걷고 숲에만 가면 그만이지.

- 책가방 메고 있는데 뭐가 걱정이야?
- 가다가 쉬고, 쉬다가 가고 학교만 가면 그만이지.

느릿느릿 걷는 것도 느릿느릿 노는 것도,
기웃기웃 구경하는 것도 너무 닮았다.

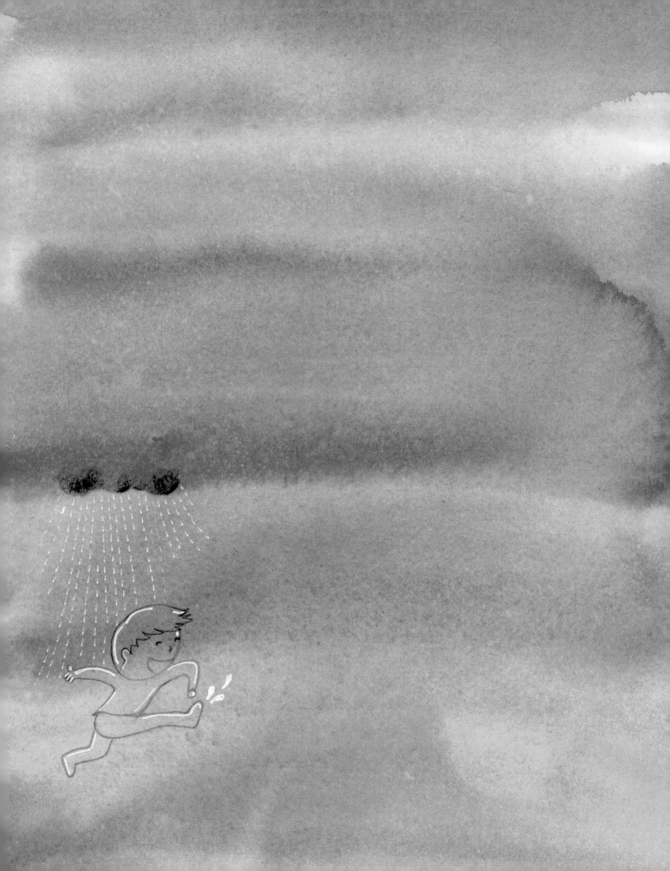

감기 걸린 날

- 그러게, 생각 좀 해.
  비 맞으며 축구하니 감기 걸리지.

주사 바늘이
따끔하게 야단 칩니다.

- 발 때문이에요, 발.
  좀 묶어주세요.

잠 들락말락 붙어가는 눈꺼풀이
가물가물 뜰락말락 대답합니다.

엄마

엄 청
마 음이 아프면서도

괜찮다고 그럴 수 있다고
어깨 두드려주는 울 엄마

엄 하게 야단치다가 울고
마 주 보고 눈을 보며 웃고

울다가 웃다가
꼬옥 안아주는
울
엄
마

하루 흔적을 담고 온 신발

흙이 묻은 엄마 운동화 한 켤레가
굽이 닳아버린 아빠 구두와 함께
현관에 이리저리 누웠습니다.

상추 모종 심은 엄마 운동화는
텃밭의 흙 부스러기 손 잡고
나뭇잎 재잘거리던 소리
게을러터진 굼벵이 이야기를 풀어놓습니다.

하루 흔적을 담고 온 현관이
두고 온 그리움으로 밤새 들썩거립니다.

제4부

바다

저 많은 도랑물들이
저 많은 강물들이

쉼 없이 흘러흘러
가고 싶어하는 곳

누구든
다 받아주는 바다

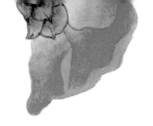

꽃

- 지는 순간

꽃이 질 때
고개 숙이는 그 순간이
얼마나 아름다운지,

꽃이 질 때
그 끝자락에 씨앗 하나
얼마나 큰 기쁨인지,

바람이 달려가
사뿐 안고 내린다.

그 꽃잎 땅에 내리는 순간
쿵. 지구가 박수를 친다.

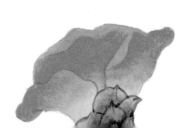
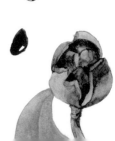

돌멩이의 한숨

바람, 저 애는 왜 저리 바쁠까?
한곳에 머물 줄을 몰라.
온다간다 인사도 없이 휘릭 가버려.

참새, 저 애는 왜 저리 철없을까?
날아가면서 찍- 똥을 싸는 거 하며
미안하단 말도 없이 쌩- 날아가 버리는 거 하며.

하도 기가 막혀서
말이 안 나와
입을 다물 수밖에.

꽁치

시장에선 입 꼭 다물고 있던 꽁치,
따뜻한 후라이팬 침대에 눕더니

온 집 안 날아다니며
냄새 풍기며 바다를 옮겨 놓는다.

꽁치 한 마리가 접시에 누워
'치'자 돌림 생선 가문 족보를 펜다.

- 갈치, 참치
　　가물치, 모살치, 넙치,
　　　　청새치, 곰치, 삼치

하나씩 부를 때마다 출렁출렁
바다의 물결 일렁이는 소리.

플라타너스의 한숨

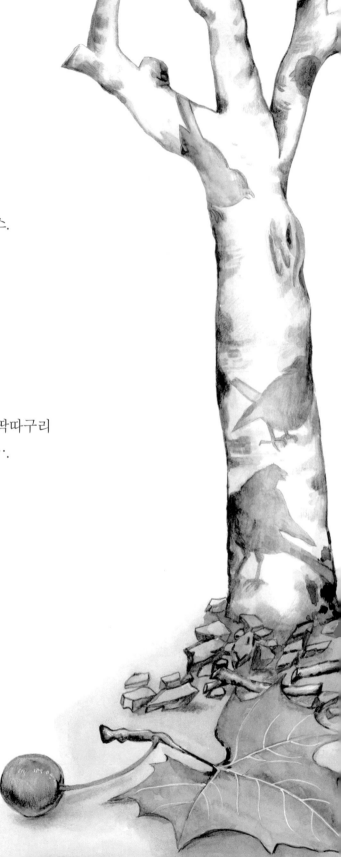

이파리가 커서 하수구를 막는다고
옆집 아저씨께 욕만 듣던 플라타너스.

몸통만 남기고
가지가 다 잘려나갔어요.

어쩌지?
새 앉을 자리가 없어서….

참새, 조롱박이, 팔색조, 벌새, 오색딱따구리
하늘만 정처 없이 떠돌아다닐 건데….

바람도 걸터앉을 의자 없다고
투덜거릴 건데….

꽃향기도 머물 곳 없다고
팽, 돌아가버릴 텐데….

숲이 투덜대는 말

그러게 나무를 베면 안 된다고 그렇게 말했는데
숲을 통째로 베어버리고 아파트를 짓더라고.
아파트에 싹이 나? 아파트에 잎이 돋아?

밤이 되면 아파트가 이산화탄소를 먹어 주냐고.
낮이 되면 아파트가 산소를 뿜어내냐고.
가로수 몇 그루 남기고 숲을 대신하라 했지?

소화되지 않은 미세먼지가 쌓여만 가는데
누가 먼지를 소화할 건지 모르겠어.
사람들이 결정했으니 사람들이 먹어야지 별 수 있어?

바다를 닮은 글자

가리비 등 위에 조가비 등 위에
바다 물결이 한 자 한 자 적어 놓은 글자들.

물결출렁거림체, 지느러미춤출체, 가자미뼈끔거림체,
문어먹물뿌림체, 큰물고기흐느적거림체, 피라미몰려다님체….

보기만 해도 웃어지지, 재미있는 글자들
바다를 닮은 글자들, 바다를 담은 글자들.

하늘이 들어와 읽으며 웃겠다.
배들도 지나다 읽으며 웃겠다.

바람과 그늘

여름 한낮
나무 그늘로 날아든 바람 한 줄기가
그늘 담아가는 일 없지.

바람은 그냥 보고 웃다가 간다.
뒤돌아보지도 않는다.

나무 그늘
잠시 들어온 바람에게
가지 말라고 하는 일 없지.

그늘은 그냥 함께 놀다가 보낸다.
가고 싶은 데 가서 맘껏 놀다 오라고 보낸다.

가나다 라마바사아자 차카타파하 1

가 고 싶은 곳.
나 무가 아주 많은 곳.
다 른 모양의 나무들, 곤충들, 풀들이 살아.

라 일락? 아니 아기별꽃, 물봉선화, 망초, 노루귀
마 아가렛? 아니 참나리꽃, 쑥부쟁이, 애기똥풀
바 위 사이 피어나 바위도 꽃으로 만드는 꽃
사 이좋은 친구들과 돌아다니는 학교 꽃밭 같아.
아 이들은 곤충박사가 되어 온 숲을 돌아다니지.
자 세히 볼수록 예쁘다는 들꽃을 만나 인사들 하고 나면.

차 라리 나도 바람이 되어 숲을 돌아다니고 싶기도 해.
카 멜레온이나 청개구리처럼 변색을 하는 숲 속 친구도 만나고
타 고난 재주꾼들의 저마다의 소질을 품어줄 수 있는
파 란 바다 같은 내가 된다면
하 늘도 놀랄 거야, '역시 너답다' 하며 웃을 거야.

가나다라 마바사 아자차 카타 파하 2

가 까이 가까이 다가와
나 무를 보세요.
다 른 모양 다른 크기의 잎과 꽃들이
라 랄라라 함께 모이면 얼마나 아름다운지.

마 음이 그리는 지도를 따라
바 람이 노래하는 길을 따라 걸어보아요.
사 이사이 힘이 들 때면 잠시 쉬고 또 걸어요.

아 름다운 꽃 한 송이 피우기 위하여
자 유로운 공기 한 줌과 엄마품 같은 흙 한 줌이 만나
차 례차례 싹을 틔우고 잎을 키워낸 것을.

카 멜레온처럼 마음이 바뀌는 나 자신을 돌아보고
타 고난 내 마음 속 보물들을 찾아보아요.

파 도를 안아주는 바다의 마음으로
하 늘을 담아주는 바다의 마음으로

엄마는 못 들었나?

2019년 12월 20일 초판 1쇄 발행

글   박희순
그림   신기영

펴낸이   김영훈
편집   김지희
디자인   부건영, 나무늘보
펴낸곳   한그루
         출판등록 제6510000251002008000003호
         제주특별자치도 제주시 복지로1길 21
         전화 064-723-7580   전송 064-753-7580
         전자우편 onetreebook@daum.net 누리방 onetreebook.com

ISBN 979-11-90482-04-2   73810

값 12,000원